# H. TOUSSAINT

Ancien Magistrat

Avocat honoraire à la Cour d'Appel

LES

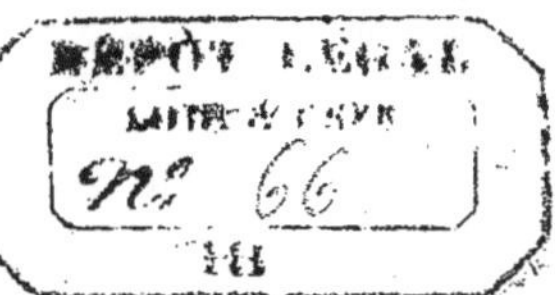

# LOIS SOCIALES

# D'ASSISTANCE

GRANDE IMPRIMERIE DE BLOIS

22, RUE DU POIDS-DU-ROI

BLOIS (LOIR-ET-CHER) R. C. 168

1927

# TABLE DES MATIÈRES

# LES LOIS SOCIALES D'ASSISTANCE

*Les Associations qui s'occupent d'action sociale, et tous ceux que les questions sociales intéressent, ont fréquemment sous les yeux des situations malheureuses auxquelles telles ou telles de nos lois sociales pourraient porter remède. Ces lois ne sont pas toujours assez connues d'eux; nous croyons leur rendre service en rappelant ici les principales. Renseigner, aider de ses conseils des gens qui ne savent pas, qui sont dans l'embarras, est un moyen d'accroître son influence, d'étendre son action : ce n'est au demeurant que remplir un devoir de charité.*

## ASSISTANCE AUX FAMILLES NOMBREUSES

### ALLOCATIONS PROPREMENT DITES D'ASSISTANCE

### (Loi du 14 juillet 1913)

Les familles françaises dont les ressources ont été reconnues, après enquête officielle, insuffisantes pour élever les enfants légitimes ou reconnus dont elles ont la charge, peuvent toucher une ou plusieurs allocations d'assistance dont le montant est fixé pour chaque commune par le Conseil municipal. Le montant ne peut être aujourd'hui de moins de 270 francs par an, dont 210 à la charge de l'Etat.

Le nombre des allocations qu'une famille peut recevoir est fixé comme suit :

*a)* Si le père et la mère sont tous deux vivants, la famille a droit à autant d'allocations qu'il y a d'enfants de moins de 13 ans moins trois;

*b)* Si le père est seul par suite du décès ou de l'abandon de la mère, la famille a droit à autant d'allocations qu'il y a d'enfants de moins de 13 ans moins deux;

*c)* Si la mère est seule (père mort, interné ou disparu), la famille a droit à autant d'allocations qu'il y a d'enfants de moins de 13 ans moins un;

*d)* Si, par suite du décès du père et de la mère, un parent a recueilli les enfants, ce parent n'a droit à allocation que s'il a recueilli au moins quatre enfants de moins de 13 ans moins trois.

Les apprentis de 13 à 16 ans sont considérés comme enfants de 13 ans, s'il existe un contrat d'apprentissage régulier.

Les formalités à remplir pour être admis à l'assistance sont les suivantes : adresser au Maire une demande sur papier libre mentionnant que le postulant est Français et qu'il réside depuis plus d'un an dans la commune, indiquant le montant de ses ressources, les prénoms, l'âge des enfants donnant droit à l'assistance; joindre les extraits de naissance des enfants (délivrés gratuitement), le rôle des contributions, le cas échéant le contrat d'apprentissage. Après examen par la Commission d'assistance (1), le Conseil municipal statue à la séance la plus prochaine. La liste des bénéficiaires est déposée à la Mairie. Dans les vingt jours qui suivent l'annonce de ce dépôt, les postulants dont la demande n'a pas été admise peuvent adresser au Maire une réclamation écrite. Une Commission cantonale statue sur la réclamation (2). Les décisions de la Commission cantonale sont susceptibles de recours devant une Commission centrale siégeant à Paris.

Le domicile donnant droit à l'assistance dans une commune s'acquiert par une résidence habituelle d'un an dans cette commune. Il se perd : 1° par une absence ininterrompue et volontaire d'une année; 2° par l'acquisition d'un autre domicile de secours. Quand une personne a quitté la commune depuis plus d'un an sans avoir résidé habituellement dans une autre, mais sans quitter le département, elle a un domicile de secours départemental qui lui donne de droit de s'adresser au département pour obtenir le secours d'assistance. Si ses pérégrinations ont dépassé la limite

---

(1) La loi du 15 juillet 1893 sur l'assistance médicale gratuite, article 10, a créé dans toutes les communes un bureau d'assistance. S'il existe dans la commune un bureau de bienfaisance et un hospice, leurs Commissions administratives se réunissent pour former le bureau d'assistance. S'il n'existe qu'un seul de ces deux établissements, la Commission administrative, tout en conservant ses attributions propres, deviendra Commission administrative du bureau d'assistance. Enfin, dans le cas où la commune ne posséderait ni bureau de bienfaisance, ni hospice, le bureau d'assistance se composerait du maire, président, de deux membres élus par le Conseil municipal et de quatre membres nommés par le Préfet.

(2) La Commission cantonale est composée du Sous-Préfet de l'arrondissement, d'un conseiller d'arrondissement dans l'ordre de nominaton et du Juge de paix du canton, article 17 de la loi du 15 juillet 1893.

du département pendant un temps suffisant pour qu'elle n'ait pas pu acquérir le domicile de secours départemental, son droit à l'assistance subsiste, mais c'est à l'Etat qu'il incombe d'y satisfaire.

Les allocations sont payables par mois et d'avance. Elles sont incessibles et insaisissables; les créanciers de l'assisté ne peuvent pas faire opposition an paiement des bons mensuels.

ENCOURAGEMENT NATIONAL AUX FAMILLES NOMBREUSES

*(Lois des 22 juillet 1923 et 13 juillet 1925)*

Aux familles françaises résidant en France qui comptent plus de trois enfants vivants et qui ne sont pas dans le cas de bénéficier de la loi du 14 juillet 1913, l'Etat accorde, pour chaque enfant de moins de 13 ans au-delà du troisième, une allocation annuelle aux conditions suivantes :

1° Les parents ne doivent pas rester assujettis à l'impôt général sur le revenu après que leur revenu a subi les déductions légales prévues pour charges de famille;

2° Aucun des enfants de moins de 13 ans ne doit être soumis à l'impôt sur le revenu;

3° Les parents ne doivent pas bénéficier déjà d'indemnités allouées à leur personnel civil ou militaire par l'Etat, le département, les communes, les établissements et services publics;

4° Les parents ne doivent bénéficier ni, nous l'avons dit, des secours accordés par la loi du 14 juillet 1913 sur l'assistance aux familles nombreuses, ni de ceux accordés par la loi du 27 juin 1904 sur les enfants assistés.

La loi assimile aux enfants de moins de 13 ans ceux de moins de 16 ans pour lesquels il existe un contrat régulier d'apprentissage, ainsi que ceux qui poursuivent leurs études dans un établissement d'enseignement public ou privé ou qui sont infirmes ou incurables.

Les chefs de famille qui, remplissant les conditions sus-indiquées, désirent recevoir l'allocation d'encouragement national, doivent s'adresser à leur mairie, porteurs de leur livret de famille, y signer une déclaration et l'accompagner des pièces justificatives ainsi qu'il leur est indiqué. Toutes ces pièces peuvent être sur papier libre (Loi du 9 décembre 1926; loi du budget, art. 13).

Aujourd'hui de 120 francs par an, l'allocation à partir de janvier 1927 a été portée à 360 francs. Elle est désormais payable par mois à terme échu (Loi du 18 décembre 1926, article 88).

PRIMES A LA NATALITÉ — PRIMES DE PRÉVOYANCE

Beaucoup de départements, certaines communes (aujourd'hui plus de 8.000), instituent des primes à la natalité. Ces primes sont en principe accordées quelle que soit la situation pécuniaire de la famille, riche ou pauvre. elles n'ont pas, en effet, le caractère d'allocations d'assistance, étant destinées à reconnaître le service rendu à la nation. Dans ces mêmes départements et communes ou dans d'autres, à côté des primes à la natalité, existent des primes de prévoyance, allocations en vue de l'avenir accordée à l'occasion de la naissance. Pour les uns et pour les autres, l'Etat intervient assez largement.

# RÉDUCTION SUR LES IMPOTS

IMPOTS CÉDULAIRES DIVERS — IMPOT GÉNÉRAL
SUR LE REVENU

*Principal de la contribution foncière.* — Sur ces divers impôts, le contribuable a droit à une réduction par personne qu'il a à sa charge : sont considérés comme personne à charge, en même temps que les ascendants âgés ou infirmes, les enfants et descendants et les enfants recueillis si les uns et les autres sont âgés de moins de 21 ans ou infirmes.

Le taux de la réduction varie suivant que le revenu taxable du contribuable est inférieur ou supérieur à 10.000 francs et suivant le nombre des personnes à charge :

1° Revenu taxable inférieur à 10.000 francs : réduction, pour une personne à charge 7,50 %, pour deux 15 %, pour trois 30 %, pour quatre 45 %, pour cinq 60 %, pour six 75 %.

2° Revenu taxable supérieur à 10.000 francs : réduction, pour une personne à charge 5 %, pour deux 10 %, pour trois 15 %, pour quatre 25 %, pour cinq 35 %, pour six 45 %.

Ces réductions ne peuvent excéder 360 francs par personne en ce qui concerne les impôts cédulaires et la contribution foncière; 2.400 francs par personne en ce qui concerne l'impôt général sur le revenu.

*Contribution personnelle et mobilière* (les centimes communaux et départementaux subsistant seuls). — Les familles de sept enfants sont exonérées si la contribution ne dépasse pas 10 francs en principal. Pour les parents qui, tout en ne remplissant pas cette condition, ont cependant de nombreux enfants, s'ils habitent une ville de plus de 5.000 habitants dont la municipalité a fait le nécessaire auprès du Directeur des Contributions directes, il y a une diminution du loyer matriciel servant de base à la contribution mobilière dans une proportion qui croît avec le nombre des enfants.

En ce qui concerne la *taxe civique* instituée pour 1926 par la loi du 4 avril de ladite année. Les personnes bénéficiant de la loi du 14 juillet 1913 sur l'assistance aux familles nombreuses ne payaient pas la taxe. Quant aux contribuables qui y étaient soumis, le taux était réduit de 25 % pour ceux qui avaient trois enfants à leur charge, de 50 % pour ceux qui en avaient au moins cinq. Les exemptions ne s'appliquent plus, la taxe civique cessant en 1927 d'être perçue.

RÉDUCTION SUR LES DROITS DE SUCCESSION, DE DONATION

*Donations.* — *Partages :* droits de 4 fr. 50 % quand il y a deux enfants; 2,50 % quand il y en a plus de deux.

*Donations par contrat de mariage à des descendants :* 5,50 % pour un enfant, 4,50 % pour deux enfants, 3,50 % pour trois enfants ou davantage.

Ces divers droits étant accrus de deux décimes.

RÉDUCTIONS ACCORDÉES SUR LES CHEMINS DE FER
### (Loi du 14 février 1920)

Dans les familles comptant au minimum trois enfants de moins de 18 ans, le père, la mère, et chacun des enfants de moins de 18 ans bénéficient, sur présentation d'une carte d'identité strictement personnelle, de la réduction ci-après sur les prix des billets simples à place entière ou des billets simples à demi-place pour enfants de 3 à 7 ans, et sur le prix des billets d'aller et retour ordinaires :

30 % pour les membres des familles de 3 enfants
40 % pour les membres des familles de 4 enfants
50 % pour les membres des familles de 5 enfants
60 % pour les membres des familles de 6 enfants
70 % pour les membres des familles de 7 enfants

En outre, une réduction de 30 % est accordée, leur vie durant, sur présentation d'une carte d'identité, aux pères et mères dont le nombre des enfants vivants, quel que soit leur âge, augmenté du nombre des enfants morts pour la France, est ou a été, à un moment quelconque à partir du 10 août 1923, au moins égal à cinq.

La demande de carte d'identité, signée par le chef de famille, et timbrée à 2 fr. 40 par les soins de la mairie, est adressée au chef de la gare desservant la commune. On doit y joindre un livret de famille ou toute autre pièce établisasnt la parenté, et pour les enfants un certificat de vie dressé par le maire et n'ayant pas plus de quinze jours de date. La carte doit être renouvelée au bout de deux ans.

### AVANTAGES CONCERNANT LE SERVICE MILITAIRE

La naissance de chaque enfant fait passer son père dans une classe antérieure à celle à laquelle il appartenait précédemment; sa complète libération du service se trouve ainsi hâtée.

Tout réserviste père de quatre enfants passe de droit et définitivement dans la deuxième réserve, l'ancienne territoriale.

L'aîné des fils de toute famille comptant au moins

cinq enfants vivants ne fait qu'un an de service au lieu de 18 mois. Si le frère aîné n'a pas profité de cette disposition, le frère puîné, après lui le troisième si ce puîné non plus n'en a pas usé, et ainsi de suite, jouiront de la même réduction. Les enfants tués à la guerre ou morts de blessures ou maladies contractées au service comptent comme enfants vivants.

Des sursis peuvent être demandés de 20 à 25 ans pour les soutiens de famille. Si deux frères sont appelés, l'un des deux, normalement le plus jeune, ne fait son congé qu'à l'expiration de celui de son frère.

### AVANTAGES DANS LES ÉTABLISSEMENTS D'ENSEIGNEMENT

Pour l'attribution des bourses dans les établissements publics d'enseignement primaire supérieur, il est tenu compte, suivant un tarif croissant, du nombre d'enfants vivants du père ou de la mère de famille pétitionnaire.

De nouvelles faveurs à la natalité sont édictées par la loi du budget de 1927 (loi du 19 décembre 1926).

Article 27. — Pour les examens d'admission dans les écoles d'enseignement technique publiques, des réductions totales ou partielles des droits peuvent être acordées aux familles de trois enfants au moins ayant un frère ou une sœur en cours d'études dans l'une de ces écoles.

Article 78. — L'exemption des frais d'externat libre dans les lycées et collèges de garçons et de jeunes filles et dans les cours secondaires de jeunes filles, aux enfants et aux orphelins des membres du personnel enseignant dont le traitement ne dépasse pas 24.000 francs. L'article spécifie que pour deux enfants l'exemption sera accordée jusqu'à 27.000 francs, pour trois enfants jusqu'à 30.000 francs et sans limitation pour quatre enfants au moins.

### AVANTAGES CONCERNANT LE LOGEMENT.

Les communes sont autorisées à subventionner les sociétés d'habitation à bon marché qui réservent des logements aux familles de plus de trois enfants de moins de 16 ans.

Là, où des communes, des bureaux de bienfaisance, des caisses d'épargne, construisent des habitations à bon marché, les familles nombreuses ont ordinairement un droit de préférence pour occuper les deux tiers des logements.

Alors qu'en principe le nouveau droit à prorogation reconnu au locataire par la loi du 1ᵉʳ avril 1926 n'est pas opposable au propriétaire qui veut reprendre le local pour lui ou quelqu'un des siens, le locataire père de famille ayant au moins trois enfants habitant avec lui, ou à sa charge, pourra au contraire s'en prévaloir (article 6 de la loi).

### MÉDAILLE DE LA FAMILLE FRANÇAISE

Il a été créé sous ce nom une distinction honorifique « destinée, dit le décret d'institution, 26 mars 1920, à rendre hommage au mérite des mères de famille françaises qui ont élevé de nombreux enfants, et à leur témoigner la reconnaissance de la Nation. »

La médaille est de bronze pour les mères de famille ayant eu cinq enfants légitimes simultanément vivants; d'argent pour celles en ayant eu huit; de vermeil (elle porte alors le nom de médaille d'or) pour celles en ayant eu dix.

Les enfants tués à l'ennemi ou décédés de suite de blessures ou de maladies contractées aux armées, comptent comme enfants vivants.

Pour plus de détails concernant les points qui précèdent, pour les autres avantages accordés aux familles nombreuses, pour les prix fondés en faveur de ces familles, voir « *Credo* » de juin et de juillet 1926.

## ASSISTANCE AUX VIEILLARDS, INFIRMES ET INCURABLES

*(Loi du 14 juillet 1905, complétée et modifiée par les lois des 31 décembre 1907, 30 décembre 1908 et 12 février 1924.*

Trois conditions sont nécessaires pour recevoir l'assistance organisée par ces lois :

1° Etre Français;

2° Etre privé de ressources.

Ces mots s'interprètent d'une façon différente, suivant qu'il s'agit d'une personne pouvant être assistée à domicile, ou d'une personne dont l'état réclame l'hospitalisation.

*Personnes pouvant être assistées à domicile :* sont considérées comme privés de ressources ceux qui n'ont pas de revenus équivalents à ce qui est reconnu, dans chaque commune, indispensable à l'existence.

*Personnes dont l'état réclame l'hospitalisation :* sont considérés comme privés de ressources ceux qui ne sauraient, au moyen de leurs revenus, payer le prix de la pension dans un hospice.

3° Etre soit âgé de 70 ans, soit atteint d'une infirmité ou d'une maladie réputée incurable entraînant l'incapacité de pourvoir par le travail aux nécessités de l'existence.

Les personnes âgées de 70 ans révolus n'ont pas à prouver qu'elles sont incapables de travailler. Même, on ne peut refuser leur admission à l'Assistance, en prouvant qu'il leur serait encore possible de trouver dans le travail des moyens suffisants d'existence, et le montant de leur allocation ne peut pas, en principe, être diminué des ressources qu'elles se procureraient en travaillant. Toutefois, s'il était établi qu'un septuagénaire gagne d'une manière permanente, régulière et assurée une somme supérieure à celle au-dessus de laquelle il n'est plus possible de participer à l'assistance obligatoire, le bénéfice de celle-ci ne pourrait pas lui être accordé.

Les personnes n'ayant pas 70 ans qui prétendent à l'assistance comme infirmes ou atteintes de maladie incurable, doivent, hors le cas de notoriété publique, prouver cet état d'infirmité ou de maladie ; cette preuve se fait en principe par certificat médical. Il faut, que la capacité physique de travail soit réduite au point que le gain moyen ne puisse pas atteindre le minimum reconnu nécessaire à la vie dans la commune. A la différence de ce qui se produit en principe pour les septuagénaires, on diminue, pour ces personnes, du montant de l'allocation, ce qu'elles peuvent gagner.

A toute personne, remplissant les conditions ci-dessus, l'assistance est due : par la commune où elle a son domicile de secours; à défaut de domicile de secours communal par le département où elle a son domicile de secours départemental. Abstraction faite de l'acquisition du domicile par la filiation (l'enfant a le domicile de ses parents), par le mariage (la femme a le domicile de celui qu'elle épouse), le domicile de secours communal s'acquiert par une résidence habituelle de cinq années dans la commune; le domicile de secours départemental par une résidence habituelle de cinq années dans différentes communes du département; l'un et l'autre se perdent par une absence ininterrompue de cinq ans et par l'acquisition d'un autre domicile. Si une personne n'a ni domicile de secours communal, ni domicile de secours départemental, l'assistance lui est due par l'Etat. En cas de doute sur le domicile de secours le Préfet saisit d'office le Conseil de Préfecture; celui-ci statue sans que le postulant ait à intervenir. A partir de 65 ans, nul ne peut acquérir un nouveau domicile de secours ni perdre celui qu'il possède (1).

Dans tous les cas c'est à la mairie de la commune où il réside que le postulant doit adresser sa demande écrite. Il y indique ses date et lieu de naissance, s'il a quelques ressources, ou s'il en est complètement privé, les noms, prénoms, âge, profession et domicile de ses enfants ou des personnes tenues vis-à-vis de lui de l'obligation alimentaire. Il y joint un bulletin de naissance, un certificat du percepteur constatant ou qu'il n'est pas imposé ou le montant de ses contributions, le cas échéant un certificat médical. Ainsi saisi, le maire ou à sa diligence le bureau d'assistance de la commune transmettra spontanément, s'il y a lieu, la demande soit à la Commission départementale, soit au Ministre de l'Intérieur, s'il n'y a que domicile de secours départemental ou national.

---

(1) On n'a pas voulu qu'à l'âge où il devient plus onéreux, un indigent puisse déplacer la dette d'assistance à son gré, suivant ses convenances personnelles, la générosité plus ou moins grande de telles ou telles communes.

Après instruction, l'admission à l'assistance ou le rejet de la demande est prononcé par le Conseil municipal au cas de domicile de secours communal. La décision peut être dans les vingt jours l'objet d'un appel devant la Commission cantonale. La décision de la Commission cantonale peut à son tour être déférée à une Commission centrale siégeant à Paris. — Au cas de domicile de secours départemental, il est statué en premier ressort par une Commission départementale; la décision de cette Commission peut être l'objet d'un appel, soit devant le Conseil général du département et au besoin ensuite devant la Commission centrale de Paris, soit directement devant cette Commission centrale. Là où il n'y a ni domicile de secours communal, ni domicile de secours départemental, c'est le Ministre qui statue sur l'avis de la susdite Commission centrale.

Au cas d'admission :

A) S'il s'agit d'un assisté dont l'état ne réclame pas l'hospitalisation, cet assisté touche mensuellement une somme incessible et insaisissable égale au minimum jugé indispensable pour assurer, dans la localité envisagée, l'existence d'une personne dénuée de toute autre ressource. Cette somme dont le taux est unique pour la commune est fixée par le Conseil municipal sous réserve de l'approbation du Conseil général. Elle ne peut être inférieure à 5 francs (à Paris elle est de 30 francs). Depuis une loi du 28 juin 1918, dont la disposition a été successivement prorogée, l'allocation communale est majorée uniformément d'une somme mensuelle de 10 francs à la charge de l'Etat.

L'allocation ainsi déterminée, dite allocation complète, est réduite, le cas échéant, par la déduction de certaines ressources dont l'assisté dispose.

*a)* Ressources ne se déduisant pas :

— Celles provenant de la bienfaisance privée ou publique lorsqu'elles ne sont pas fixes et permanentes;
— Les produits du travail des assistés septuagénaires;
— Les produits du travail des assistés infirmes ou incurables non septuagénaires, mais seulement lorsque ces produits proviennent d'un travail aléatoire et intermittent.

*b)* Ressources ne se déduisant que pour partie; on les appelle « privilégiées » :

— Celles fixes et permanentes provenant de la bienfaisance privée, œuvre, particulier non tenu de la dette alimentaire; ces ressources ne doivent être déduites de l'allocation qu'à concurrence de moitié.
— Le produit du travail certain et permanent d'un assisté non septuagénaire n'atteignant pas 480 fr. : là encore on ne déduit que moitié, sans que les ressources provenant de l'épargne et de l'allocation d'assistance puissent ensemble dépasser 480 francs.
— Les ressources provenant de l'épargne : à leur sujet, l'article 20 de la loi du 14 juillet 1905 porte : « les ressources provenant de l'épargne, notamment « d'une pension de retraite que l'ayant droit s'est ac- « quise, n'entrent pas en décompte si elles n'excè- « dent pas 60 francs. Cette quotité est élevée de 60 fr. « à 120 francs pour les ayants droit justifiant qu'ils « ont élevé au moins trois enfants jusqu'à l'âge de « 16 ans. Dans le cas où les ressources dépassent ces « chiffres, l'excédent n'entre en décompte que jusqu'à

« concurrence de moitié sans que les ressources pro-
« venant de l'épargne et l'allocation d'assistance
« puissent dépasser ensemble 480 francs. »

*c)* Ressources se déduisant pour le tout :

Toutes les autres ressources; à titre d'exemple, les secours réguliers et permanents provenant de la bienfaisance publique, les allocations viagères servies par certaines administrations à des personnes n'ayant pas droit à une pension de retraite, les ressources provenant d'une créance alimentaire.

*B)* S'il s'agit d'un assisté dont l'état réclame l'hospitalisation, il n'y a plus lieu à versement d'allocation. La commune, le département, l'Etat payent les frais dans l'établissement où l'assisté est placé. Le cas échéant, commune, département, Etat, touchent à leur profit le montant des déductions telles que nous venons de les définir.

Les décisions qui refusent ou accordent l'assistance n'ont pas un caractère définitif. Le vieillard dont la demande a été rejetée peut, si les circonstances sur lesquelles cette décision était fondée se sont modifiées, solliciter à nouveau le bénéfice de l'assistance, comme aussi, dans le cas où il ne lui a été attribué qu'une allocation restreinte, il peut, si ses ressources ont diminué, en demander l'augmentation. Par contre, si la situation d'un assisté s'est améliorée depuis son admission, il peut être rayé de la liste d'assistance. Toute décision de radiation ou de réduction doit être motivée et notifiée à l'intéressé; celui-ci peut se pourvoir contre elle comme il le ferait à l'encontre d'un rejet de demande d'admission.

## SECOURS AUX INDIGENTS

Là ou des fonds existent à cet effet, fondations, donations ou legs, allocations municipales, les indigents qui ne sont pas dans le cas d'invoquer une loi d'assistance spéciale peuvent obtenir des secours. Si la commune a un bureau de bienfaisance, c'est lui qui est chargé de la distribution. Un registre révisé deux fois par an doit contenir la liste des individus secourus. Cette liste comprend : dans une première catégorie les *indigents* proprement dits, ceux qui ne peuvent plus gagner leur vie, les familles privées de leur chef et qui ne comprennent que les femmes et des enfants sans ressources : ces indigents sont secourus annuellement; dans une deuxième catégorie, les *nécessiteux* qui, par suite de maladie, de chômage, sont momentanément dans l'impossibilité de suffire à leurs besoins et à ceux de leur famille et qui ne sont secourus que momentanément. Au regard du bureau de bienfaisance, le domicile de secours s'acquiert ainsi qu'il a été indiqué plus haut en ce qui concerne l'assistance aux familles nombreuses et qu'il va l'être pour l'assistance médicale gratuite. Les secours sont distribués à domicile, autant que possible en nature, pain, soupes, vêtements, combustibles. La quotité, le cas échéant la durée, en est déterminée par la Commission administrative du bureau.

## ASSISTANCE MÉDICALE GRATUITE

### (*Loi du 15 juillet 1893*)

La loi pose en principe que « tout français, malade, privé de ressources, reçoit gratuitement l'assistance médicale ». Toutes les maladies sans exception peuvent justifier l'application de la loi (Décision du Ministère de l'Intérieur du 7 août 1894); doivent être considérés comme des malades, les enfants scrofuleux et rachitiques pour lesquels est recommandé le traitement marin, c'est-à-dire le séjour dans les hôpitaux spéciaux établis au bord de la mer (Circulaire ministérielle du 30 juillet 1898). Son considérées comme privées de ressources toutes personnes dont la situation est telle que, suivant toutes probabilités, elles seraient privées de ressources le jour où la maladie surviendrait (Circulaire ministérielle du 18 mai 1894); il n'est donc pas nécessaire d'être indigent au sens administratif du mot.

Ici encore, l'assistance est fournie soit par la commune, soit par le département, soit par l'Etat. Le domicile de secours départemental s'acquiert ou se perd comme en matière d'assistance aux familles nombreuses (Voir ci-dessus). Dans chaque commune, le bureau d'assistance dresse annuellement la liste des personnes qui, ayant dans la commune leur domicile de secours, doivent être, en cas de maladie, admises à l'assistance médicale; elle la révise chaque trimestre. Ainsi préparée, la liste est arrêtée par le Conseil municipal et déposée au secrétariat de la mairie; avis de ce dépôt est donné par affiches. Dans les vingt jours, tout contribuable, tout habitant de la commune peut adresser des demandes en inscription ou en radiation; il est statué souverainement sur ces demandes par la Commission cantonale. — En principe, les personnes inscrites sur la liste ont seules droit à l'assistance; mais en cas d'urgence, le bureau d'assistance peut prononcer une admission provisoire; même s'il y a impossibilité de réunir le bureau, l'admission peut être prononcée par le maire, lequel en rend compte au Conseil municipal dans sa plus prochaine session. Pour les personnes qui, étant dans le cas d'obtenir l'assistance médicale gratuite, ne peuvent pas être comprises sur une liste communale comme n'ayant pas de domicile de secours dans une commune déterminée, le Préfet prononce l'admission à l'assistance médicale gratuite, qui, alors, est procurée par le département aux assistés ayant un domicile de secours départemental et dans le cas contraire par l'Etat.

L'assistance médicale est fournie en principe à domicile; elle comprend gratuitement les visites du médecin, la fourniture des remèdes. Lorsqu'il n'est pas possible de donner utilement les soins à domicile, le malade est placé dans un hôpital, toute commune qui ne possède pas d'hôpital étant rattachée pour le traitement de ses malades, à un ou plusieurs des hôpitaux les plus voisins.

La ville de Paris a une organisation spéciale. C'est l'administration de l'Assistance publique qui, par le moyen des hospices et hôpitaux de la ville, les bureaux de bienfaisance existant dans chaque arrondissement avec médecins y attachés, pourvoit, soit à la consultation au dispensaire ou aux soins à domicile, soit à l'hospitalisation : toute personne privée de ressources à laquelle l'assistance médicale a été refusée, peut se pourvoir devant une Commission spéciale d'assistance constituée conformément à la loi du 14 juillet 1905.

## ASSISTANCE AUX FEMMES EN COUCHES

L'assistance comprend des allocations, elle com-

prend aussi, non moins importantes, des mesures destinées à protéger la santé de la femme, la vie, le bon
état de l'enfant.

### MESURES DE PROTECTION

L'article 1er de la loi du 17 juin, 1913 (29 a du Livre 1er du Code du travail et de la prévoyance sociale) porte que « les femmes en état de grossesse
« apparente employée chez autrui, peuvent quitter
« le travail sans délai-congé et sans avoir de ce fait
« à payer une indemnité de rupture ». — Alors qu'on
est peut-être encore fort loin du terme, on ne peut
imposer au patron, comme on le fera pendant la période avoisinant immédiatement la délivrance, l'obligation de conserver sa place à l'ouvrière enceinte.
Mais c'est déjà une mesure de protection intéresante
pour la santé de la future mère et la vie de son enfant, que de lui permettre, dès qu'elle en sent la nécessité, de suspendre de suite son travail sans risquer d'avoir à payer une indemnité.

L'époque de la délivrance arrivant, la protection
s'accentue. Aux termes de la loi du 27 novembre 1909,
la femme peut suspendre son travail pendant huit
semaines consécutives dans la période qui précède
ou suit son accouchement, sans que cette suspension
puisse être considérée par le patron comme une cause
de rupture du contrat de louage de service. La loi
spécifie que la femme devra avertir le patron du motif de son absence. Toute convention contraire entre
l'employeur et la femme employée est nulle de plein
droit. Le patron qui, au retour de la femme, refuserait de la rétablir dans son ancien emploi serait passible de dommages-intérêts. Pour faciliter à la femme,
le cas échéant, le recours à la justice, l'assistance ju

diciaire est de droit pour elle, devant la juridiction du premier degré. Il convient de remarquer que, fixant une durée maxima de suspension de huit semaines consécutives, le législateur n'a pas affecté une fraction déterminée de ces huit semaines du repos antérieur à l'accouchement, une autre au repos postérieur.

Dans tout établissement industriel ou commercial, public ou privé, même s'il a un caractère professionnel ou de bienfaisance, le patron ou chef qui emploierait sciemment l'accouchée au cours des quatre semaines qui suivent sa délivrance s'exposerait à être poursuivi, pour la première fois devant le Tribunal de simple police, amende de 5 à 15 francs; en cas de récidive, devant le Tribunal correctionnel, amende de 16 à 100 francs. Loi du 17 juin 1913, art. 54 *a*-159-161-164 du Livre II du Code du Travail.

Dans les mêmes établissements, pendant une année à compter du jour de la naissance, les mères allaitant leurs enfants, doivent disposer à cet effet, d'une heure par jour durant les heures de travail, art. 54 *b* du Livre II du Code du Travail (1).

### ALLOCATIONS

*(Lois des 17 juin 1913, 2 décembre 1917)*

Toute femme française, salariée ou non, a droit, lors de ses couches, à une allocation journalière si elle est, dit la loi, « privée de ressources suffisantes ».

----

(1) Cette heure est indépendante des repos prévus à l'art. 14 du Livre II du Code du Travail portant que, dans ces établissements les femmes ne peuvent être employées à un travail effectif de plus de dix heures par jour, coupées par un ou plusieurs repos dont la durée ne peut être inférieure à une heure.

En ajoutant ce mot « suffisantes » à la disposition habituelle des lois d'assistance, on a voulu indiquer que le secours ne devait pas être limité aux femmes trop misérables. La loi spécifie que dans l'évaluation des ressources, ne doivent pas entrer les ressources temporaires résultant de la participation à des sociétés de prévoyance et notamment aux Mutualités maternelles. Une circulaire ministérielle du 16 mars 1914 porte que les appointement ou salaires touchés par le mari, n'empêcheront l'allocation, que s'ils sont très élevés, c'est-à-dire dans des cas extrêmement rares.

La femme qui prétend à l'allocation, doit adresser au maire de la commune de sa résidence une demande écrite, indiquant notamment quelles sont ses charges de famille, les ressources dont elle continuera à disposer pendant son repos. Si la demande a été formée avec prévoyance, quelques mois avant la date présumée de l'accouchement, l'admission résultera de l'inscription sur une liste dressée par le bureau d'assistance et arrêtée par le Conseil municipal; la femme a alors, en cas de refus, la possibilité de recourir devant la Commission cantonale, comme en matière d'assistance médicale. Si l'accouchement est proche, l'admission, vu l'urgence, est prononcée soit par le bureau d'assistance sans ratification, soit par le maire lui-même, sans recours possible en cas de refus. Au cas où la femme n'a pas son domicile de secours dans la commune (1), quel que soit le moment auquel la demande est formée, il est statué par le Préfet sur avis du Maire, et d'une façon définitive.

---

(1) Acquisition, perte du domicile de secours comme en matière d'assistance médicale.

L'allocation est accordée, dit la loi (loi du 2 décembre 1917) pendant la période de repos, qui précède et suit immédiatement les couches. Avant l'accouchement, elle ne peut théoriquement être octroyée, que si la femme justifie par un certificat médical qu'elle ne peut continuer à travailler sans danger pour elle-même ou pour son enfant, mais pratiquement, la nécessité du repos pendant les quatre semaines qui précèdent les couches est aujourd'hui couramment admise, et jamais le médecin ne refuse de la reconnaître. — Après l'accouchement, l'allocation est accordée pendant les quatre premières semaines. Tant pour la période qui précède, que pour celle qui suit l'accouchement, l'allocation ne peut pas être maintenue pendant une durée totale supérieure à huit semaines; si, sur le vu du certificat médical, la postulante a été admise à recevoir l'allocation à un moment tel que, au bout de quatre semaines, la délivrance ne soit pas encore survenue, l'allocation devra être arrêtée à la fin de la quatrième semaine; elle recommencera à être payée à partir de l'accouchement, et ce pendant quatre semaines; ainsi le précise une circulaire du ministre de l'Intérieur du 24 décembre 1913; mais rien ne s'opposerait à ce que dans l'intervalle, la femme fût secourue par le bureau de bienfaisance (1).

L'allocation est journalière ; le taux en est fixé pour chaque commune, par le Conseil municipal sous réserve d'approbation du Conseil général et du Pré-

---

(1) Pour qu'il y ait, au sens de la loi, accouchement donnant droit à une allocation consécutive pendant quatre semaines, il faut que l'enfant, vivant ou mort-né, ait fait l'objet d'une déclaratin à l'officier d'état civil. — Au cas de fausse-couche, il n'y a de secours possible qu'au bureau de bienfaisance ou à la charité privée.

fet. Il ne peut être inférieur à 0 fr. 50. En cas d
naissance multiple, il y a autant d'allocations que
d'enfants. Le taux est le même pour toutes les assistées de la commune; il n'y a pas lieu à déduction de
certaines ressources, comme en matière d'assistance
aux vieillards.

L'allocation ne peut se cumuler avec les secours
publics instituée par la loi sur les enfants assistés
(loi du 27 juin 1901). Par contre, elle peut l'être avec
tous autres secours publics de maternité, notamment
les secours supplémentaires accordés par des communes, des départements, à plus forte raison avec
ceux qui émaneraient d'œuvres privées. Il n'y aurait
lieu à suppression de l'allocation, que si ces secours
suffisaient à mettre la bénéficiaire à même de se re-
poser, auquel cas elle ne serait plus « privée de ressources suffisantes », au sens de la loi; encore les
allocations servies par les mutualités maternelles ou
par des sociétés de secours mutuels, ne devront-elles
en aucun cas, nous l'avons dit, entrer en ligne de
compte.

L'allocation est réduite de moitié en cas d'hospitalisation, à moins que l'intéressée n'ait au moins un
autre enfant vivant au-dessous de treize ans.

Elle est incessible et insaisissable.

L'octroi et le maintien de l'allocation sont subor-
donnés au respect par la femme, de certaines prescriptions de repos et d'hygiène ainsi spécifiées : « Suspendre l'exercice de sa profession habituelle » et,
bien entendu, ne pas davantage se livrer à aucun travail salarié, pas plus à son propre domicile que chez
autrui.

« Observer à son foyer tout le repos effectif compa-
tible avec les exigences de sa vie domestique. »

« Prendre pour son enfant et pour elle-même les soins d'hygiène nécessaires, conformément aux instructions que lui donne une personne désignée par le bureau d'assistance. »

Ces prescriptions doivent être observées pendant la période qui précède l'accouchement, aussi bien que pendant celle qui le suit.

Qu'elle ait ou non touché l'allocation journalière, la française privée de ressources suffisantes, qui allaite son enfant, a droit à une prime de 0 fr. 50 par jour pendant les douze mois qui suivent l'accouchement, l'allocation cessant si cessait, avant l'expiration, de ces douze mois, l'allaitement au sein maternel. Là encore, le paiement de la prime est subordonné à la condition expresse que la femme prenne pour son enfant et pour elle-même les soins d'hygiène sus-indiqués.

## ENFANTS TROUVÉS & ENFANTS ABANDONNÉS

Les enfants trouvés se définissent par eux-mêmes. Par enfants abandonnés on entend (art. 5 du décret du 19 janvier 1811), « ceux qui, nés de père ou mère connus, et d'abord élevés par eux ou par d'autres personnes à leur décharge, en sont délaissés sans qu'on sache ce que ces père et mère sont devenus ou sans qu'on puisse recourir à eux. » En province, par les soins des maires et des préfets, ils sont placés dans un hospice. Les Commissions administratives de ces hospices sont théoriquement chargées de leur tutelle; en fait, cette tutelle est exercée par les Inspecteurs départementaux (Inspecteurs des Enfants assistés). A Paris ils sont remis à l'Assistance publique.

# ALIÉNÉS

## (*Loi du 30 juin 1838*)

A Paris le Préfet de police, dans les départements. les Préfets, ordonnent d'office le placement dans un établissement d'aliénés, de toute personne interdite ou non interdite, dont l'état d'aliénation compromettrait l'ordre public ou la sûreté des personnes. En cas de danger imminent attesté par le certificat d'un médecin ou par la notoriété publique, les commissaires. de police à Paris, et les maires dans les autres communes, doivent ordonner à l'égard des personnes atteintes d'aliénation mentale, toutes les mesures nécessaires, à la charge d'en référer dans les vingt-quatre heures au Préfet qui statue sans délai.

Hors ces cas de placement d'office, toute personne, même non parente, peut demander l'internement d'un aliéné. La demande d'admission est adressée au chef ou préposé de l'établissement public ou privé où aura lieu le placement; elle doit être visée par le maire ou le commissaire de police et accompagnée d'un certificat médical datant de moins de quinze jours, constatant la nécessité de faire traiter le malade dans un établissement spécial; ce médecin doit être étranger à l'établissement et non parent du directeur ou de la personne demandant le placement. En cas d'urgence, les chefs d'établissements publics peuvent se dispenser d'exiger ce certificat médical. Le Préfet est avisé dans tous les cas. Si le placement est fait dans un établissement privé, le Préfet, dans les trois jours, fait visiter le malade par un ou plusieurs médecins chargés de constater son état mental. Quinze jours après le placement dans un établis-

sement public ou privé, le médecin de cet établissement adresse au Préfet un nouveau certificat.

## SECOURS ACCORDÉS AUX ÉTRANGERS
## RÉSIDANT EN FRANCE

La question de l'assistance aux étrangers ne se
posait autrefois en France que dans quelques grandes
villes des régions frontières ou du littoral; elle préoc-
cupe aujourd'hui les municipalités et les membres
des Commissions d'assistance un peu partout, jusque
dans les plus petites communes rurales. Il y a, à
l'heure actuelle sur notre territoire, 2 à 3 millions
d'étrangers, en très grande majorité travailleurs de
la terre ou de l'usine, vivant au jour le jour du produit de leur travail, chaque jour, par suite, à la merci
des événements qui motivent un appel à l'assistance
publique.

Deux cas sont à envisager, suivant qu'il s'agit
d'étrangers originaires d'Etats avec lesquels la France a, ou n'a pas, conclu de traités de réciprocité en
matière d'assistance.

A) Etrangers pouvant invoquer des conventions in-
ternationales :

Quatre traités de ce genre ont été conclus par la
France depuis 1919, avec l'Italie, la Pologne, la Belgique, le Luxembourg. Identiques dans le fond, ces
quatre conventions posent en principe que les ressortissants de chacun des Etats contractants sont, dans
les autres, assimilés aux nationaux pour l'application de toutes les lois d'assistance. Il n'est prévu d'exception à cette règle que : 1° en ce qui touche les
allocations pour charge de famille; ces allocations

n'étant versées aux chefs de famille étrangers, que si leur famille réside avec eux, et quand elles ont un caractère net de secours; 2° pour les allocations ayant le caractère d'encouragement direct à la natalité nationale, allocations qui sont exclues.

Sous l'unique réserve qui vient d'être indiquée, les Italiens, les Polonais, les Belges et les Luxembourgeois bénéficient de toutes les formes d'assistance existant en France : assistance aux familles nombreuses, moins l'encouragement national des lois des 22 juillet 1923 et 13 juillet 1925; assistance aux vieillards, infirmes et incurables; assistance aux malades; assistance aux femmes en couches. Leur admission à l'assistance, éventuellement leur radiation, la détermination de leur domicile de secours sont soumises aux règles édictées pour les Français.

Toutefois, l'Italie, la Belgique, la Pologne et le Grand Duché de Luxembourg sont tenus, dans certains cas, de rapatrier ceux de leurs ressortissants qui ont été admis à l'assistance. Le rapatriement ne peut être imposé : *a*) dans le cas d'assistance aux familles nombreuses, aux femmes en couches ou aux personnes atteintes de maladie aiguë; *b*) en ce qui concerne les vieillards, les infirmes et les incurables ayant au moins quinze ans de résidence continue en France (délai réduit à cinq ans pour les invalides ou incurables dont l'invalidité est consécutive à une maladie professionnelle); *c*) en ce qui concerne les autres assistés, lorsqu'ils ont en France cinq ans de résidence continue; *d*) pour les assistés ne justifiant pas d'une moindre durée de résidence en France, quand l'Etat d'origine accepte de supporter les frais d'assistance. Dans toutes les autres hypothèses le rapatriement est de droit, si l'assisté est transportable.

*B*) Etrangers ne pouvant invoquer aucune convention internationale :

C'est le cas du plus grand nombre. Ils n'ont pas droit à nos lois d'assistance. A remarquer cependant :

Que dans la pratique l'étranger blessé, atteint d'une maladie contagieuse ou d'une grave affection aiguë, est soigné et hospitalisé en France, dans la limite des lits d'hôpitaux disponibles;

Que l'aliéné étranger, dont l'état compromettrait l'ordre public et la sûreté des personnes, est interné comme le serait l'aliéné français; l'assimilation est imposée là par l'intérêt général;

Que les enfants abandonnés sont recueillis par l'assistance publique, sans distinction de nationalité;

Qu'enfin les bureaux de bienfaisance ont, dans la limite de leurs ressources disponibles, la faculté de venir en aide aux indigents étrangers valides.

Les frais d'assistance aux étrangers secourus, restent en principe à la charge de la France; ils sont répartis entre les communes, les départements, l'Etat suivant les mêmes règles que lorsqu'il s'agit de Français. Exceptionnellement, en vertu des conventions intervenues, l'Italie, la Pologne, la Belgique et le Grand Duché de Luxembourg remboursent ces frais :

*a*) lorsqu'il s'agit de vieillards, infirmes ou incurables, s'ils ont moins de quinze ans de résidence continue en France (cinq ans si l'invalidité est consécutive à une maladie professionnelle), à l'exception des frais correspondant aux 45 premiers jours d'assistance (aux 60 premiers jours pour les Polonais);

*b*) lorsqu'il s'agit d'autres assistés, s'ils ont moins de cinq ans de résidence continue en France, sous les mêmes exceptions. Le remboursement, là où il est

possible, doit être demandé au Préfet, lequel le réclame au Consul de l'Etat d'origine.

## ASSISTANCE JUDICIAIRE

### (Lois du 22 janvier 1851 et du 10 juillet 1901)

Toute personne assignée ou ayant à intenter une
instance qui, à raison de l'insuffisance de ses ressources, se trouve dans l'impossibilité d'exercer ses droits
en justice, peut demander le bénéfice de l'assistance
judiciaire (1). L'assistance est applicable à tous les
litiges portés devant les Tribunaux civils, les juges
des référés, la Chambre du Conseil, les Tribunaux de
commerce, les juges de paix, les Conseils de pru-
d'hommes, les Cours d'Appel, la Cour de Cassation,
les Conseils de Préfecture, le Conseil d'Etat, le Tribunal des conflits, et aux parties civiles devant la juridiction d'instruction et de répression. Elle peut être
accordée aussi, en dehors de tout litige, pour tous actes de juridiction gracieuse, actes conservatoires ou
actes d'exécution.

L'insuffisance des ressources, condition légalement
nécessaire, n'implique pas l'indigence. Elle dépend
de la nature de l'affaire et est appréciée, dans chaque
espèce, par le bureau d'assistance judiciaire. En certaines matières, l'assistance est accordée de plein droit
par la loi, sans justification de l'insuffisance des ressources : accidents du travail; caisse de retraites des
ouvriers mineurs; assistance obligatoire aux vieil-

---

(1) L'assistance judiciaire peut être accordée aux établissements publics ou d'utilité publique, ainsi qu'aux associations
privées, jouissant de la personnalité civile et ayant pour objet une
œuvre d'assistance.

lards et infirmes; dommages-intérêts aux femmes en couches privées de leur emploi; retraites ouvrières et paysannes.

Hors ces cas spéciaux, une demande sur papier libre, énonçant l'objet du litige, doit être adressée (en franchise) au procureur de la République du domicile de celui qui fait la demande, ce, même au cas où le Tribunal de ce domicile ne serait pas celui compétent pour connaître du procès. La demande peut être aussi remise au maire qui la fait parvenir. A cette demande doivent être joints : 1° établi par le percepteur, un extrait du rôle des contributions ou un certificat constatant que le demandeur n'est pas imposé; 2° une déclaration de ce demandeur attestant l'insuffisance de ses ressources et l'impossibilité pour lui d'exercer ses droits en justice; cette déclaration doit être faite à la mairie et contenir l'énumération des moyens d'existence; le maire doit la recevoir même s'il la juge inexacte, sauf à envoyer au procureur de la République toutes indications utiles. Le postulant est ultérieurement convoqué devant le bureau d'assistance judiciaire, contradictoirement avec son adversaire, à l'effet de fournir toutes explications, soit sur sa situation pécuniaire, soit sur le litige.

La décision du bureau refusant l'assistance ne peut être l'objet d'aucun recours de la part du postulant; mais le procureur de la République peut, s'il la juge mal fondée, la déférer à un bureau établi près la Cour d'Appel.

La personne admise au bénéfice de l'assistance judiciaire, a le concours gratuit d'un avocat, d'un avoué, d'un huissier et de tout autre officiel ministériel;

Obtient gratuitement des notaires, greffiers, conservateurs des hypothèques, tous actes et toutes expéditions dont elle a besoin; en cas de refus, elle peut les y faire contraindre par ordonnance du juge de paix ou du président du tribunal compétent pour connaître de la procédure;

Est dispensée des droits d'enregistrement, de greffe, de timbre, et, d'une manière générale, du paiement de tous les frais (1).

L'assistance judiciaire peut être demandée pour la première fois en appel. Le plaideur qui, l'ayant obtenue en première instance, a gagné son procès, la conserve, d'office, devant la juridiction supérieure en cas d'appel de son adversaire. S'il a succombé devant les premiers juges, il n'en jouira en appel que si une nouvelle décision la lui accorde.

Le bénéfice de l'assistance judiciaire peut être retiré en tout état de cause : 1° s'il survient à l'assisté des ressources suffisantes; 2° si preuve est faite qu'il a surpris la décision du bureau par une déclaration frauduleuse : la personne qui a fait semblable déclaration frauduleuse est passible de poursuites correctionnelles, amende de 1.000 francs au minimum, emprisonnement de huit jours à six mois.

En vertu de traités internationaux comportant la réciprocité, les ressortissants de beaucoup de pays étrangers peuvent être aujourd'hui admis chez nous à l'assistance judiciaire.　　H. TOUSSAINT,

*Ancien magistrat,*
*Avocat honoraire à la Cour d'appel.*

---

(1) Définitive pour les droits afférents aux actes de la procédure et aux actes qui y sont assimilés, ansi que pour les émoluments et honoraires des officiers ministériels et des avocats, la dispense n'est que provisoire pour les droits des actes produits et soumis à l'enregistrement dans un délai déterminé, pour les amendes de timbre, ainsi que pour les avances faites par le Trésor (art. 14 de la loi du 22 janvier 1851, modifiée par celle du 10 juillet 1901. _ Dalloz, Répertoire pratique, V° assistance judiciaire N° 93 et les renvois).